MI CANSOUN
LI
RAYOLÈTTO
(Succès pertout)

PÈR

JEAN BON

dé Nimés

OUVRAGÉ ÈN PATOIS ET FRANCÉS

NIMES
IMPRIMERIE ROGER ET LAPORTE
Place Saint-Paul, 5.
1865

MI CANSOUN
LI
RAYOLÈTTO

(Succès pertout)

PÈR

JEAN BON

dé Nimés

OUVRAGE ÈN PATOIS ET FRANCÉS

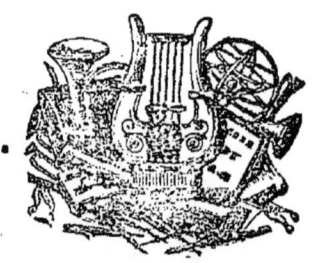

NIMES
IMPRIMERIE ROGER ET LAPORTE
Place Saint-Paul, 5.

1865

ACHROSTICHE

B en leoü dé mi coublet farés vosti soirado ;
O ublidarés ansin li moumén annuyous :
N 'én séraï pas facha, souï tout y camarado.
J amaï n'én faraï proun, sérieï bén trop hérous.
E t sé lou bon Dioü vooü qué n'én pogué maï faïré ;
A touti lis amis li distribuaraï ;
N 'én gardaraï pas jés. Ma plumo, pér mé plaïré,
M a di : Vaï, bayo-yé, pu tar n'én farén maï !...

Avril 1854.

LOU BON JOBI

CHANSONNETTE SCÈNE.

(A la cantonade). Et yeoü mi faï pléji, chouï bien mèstré d'aoü diré. Oui, aoü diraï, amaï m'én fooü crésènso. (Au public.) Nosté mouchu, qué m'aïme bien, m'a fa douna uno drollo qué, és pas pér diré, mai aoüchi

Mi trapé bien, et chouï counten,
Es aco qué facho louï gen.
Marioun m'aïmo et l'aïmé bien, ⎫
A moun bonhur manquo pas rien. ⎭ *Bis.*

Ya les moundé bien trâcho,
Tout ara ou javè vis ;
Foudrio pér chaï grimacho
Estré dé chouïs avis.
Es maoü, bien maoü,
Po pas èstré pu maoü !

Dé voudré pas qué mi faguèché glorio d'un tan bravé bouchi dé fénno, es counescudo dé tout lou bravé moundé dé l'endré : d'aoü mairo, dé l'ajoin, d'aoü gardo, jusqu'o d'aoü mèstré d'èscolo, un bravé mouchu et qué n'a d'èstruijencho, chi mèsclo un paoü de tout, léjis lous papier, rénjo lous affaïré ; voüï donno un counsél, choigno louï malaoü, prouro pér louï mort, ris pér leis nascu ; quan chi faï la nocho, tabé dis coucon : quan a bien soupa, jogo d'aoü fluté ; faï dancha laï drollo, garis d'aoü chicret laï fénno trupiquo, maï qué maï laï fillo, quan chi fan boudénflo vité lou rémédi (bien manger, (bien boire, bien dormir, lou tem fara lou rèste) ; n'én manquo pas gés : gariguè ma Mariou avant qué la prénguèsché (aoüchi)

Ché vouyat ana quéré
Un' altro Mariou
Pouria couré louï chèré
Dé l'un à l'altré bou,
Amaï jamaï chérs trapario pas maï.

Acòs'uno bravo drollo, charmanto et counpléjento, pér rendré chérviché ès toujour prèsto ; chériot un bonhur chèro pas poourouso ; vouï chouvénet la gnio d'aquél pleujas qué fajio tant dé tron, coumo savioï qué louï crégnèchio bien, mi dounéré counsél, partiguèré soulet et mé yé gandiguèré, créjioï dé la trapa choulétto toato éspoourido, yagué mouchu Gaston qué li fajio counpanio, qué dé réconncïchencho émbaquél moundé, chi trapè maoü ; chan él chi périchio. Mi diguè : l'aï décharé, l'aï frinchoné, l'aï bouté tout mouï choin, arro qué chet aqui vouï, lui faré lou rèsto, lou rémércieré prou et diguèré à Mariou : Embracho mouchu qué nouï vooü focho bien, chéra lou pagamén dé tant dé counpléjéncho ; aqui cho qué ya d'agudré dé bravaï fénno, quan faï dé temp anchin leï bravé moundé chi fan dévé dé li faïré coun panio coumo chi dis, én tout bien, tout hounou (aoüchi)

  Ma dit, poudet aoü creïré,
  Ti donné maïs amours.
  Aco mé faï bien veïré
  Qué m'aïmara toujours.
  Choun cur, moun cur,
  Dis qué choun pacun cur.

An bien réjou dé diré qué lou mariajé vouïs aprén focho caoüjo ; yeoü savioï pas d'agudré un cur. Ma Mariou m'aoü diguet; és d'aco quan paché qué digou : Jean és bravé, a dé cur et cha fénno l'aïmo bien. Toutés choun pas anchin, gnia qu'a lous veïré, dirias qué n'an; pioï n'an pas gés ! Anèré, l'altré choir, vcïré nosté mouchu, jougavoun a laï carto : gnaviot un bien rénjadé qué chémblavo coucon : yé démandèroun chavio dé cur. Diguet, chan chi facha : Je n'ai point. Aquél d'aqui, vous proumété chégu, qué Mariou l'aoürio pas prés ; aïmo pas louï gèn chan cur ! Aco chou pas d'aqué laï fénno qué n'aïmou focho, mai aoümén un, et d'aï bon! dé cur. (aouchi)

 Pas un mi faï la niquo ;
 Amaï chiog'un Rayooü
 Pértout aï ma rébriquo.
 Mi crégués pas bien nooü :
 Souï si bien, si gnia pas n'altré pu si

Ya Jean dé Brùlo-Fèrré, qué faï sou finfaron abé chou jiclouné dé fénno qué voudrio maï parien. Parlas-mé dé Mariou, aco, voui, din 17 chémano mi faguet un droulet, amaï coucon dé bien ! Nosto tanto Franchou qué tén chouï 90 ans et pas bestio, sén fooü, diguet, én lou vésén : Aï ! lou poulid mani ! chémblo pan' rayoulé ! yé tra pas pas coucon das èfans d'aï mouchu ?

Dé qué chou lous gèns viel! sabé pas chaoü créïrés, nouï vouguet affourti qué plourav' én francès, amaï aoü chousténgué, et pioi mi diguet: Jean, as uno bravo fénno et counservo-la bien. Amai farai! amaï faraï! Pécaïré! mi chouvéndraï toujour dé cho qué mi diguet aoü gros dé chaï douloul én mi véjen plourous : M'aïmés bien, chou faguet! chus touté touï bon choins, moun amour chi répaoüjo; chavé qué chaï dé maoü, tus n'én chios pas la caoüjo! Chouï pas fa pér ménti, cho qué vouï dijés vraï dé fénno brav' anchin, chén trapario pas maï... (aoüchi).

Août 1864.

ÉS BIEN FA

LÉGENDE.

—

(Récitatif).

Ché dé moundé bravé avé bien d'éstruijencho
Es pérco qué jamaï m'avet p'aouji ménti ;
A cho qué vooü counta bouta vostaï créjencho,
Ya pas rien dé pu vraï, moun païré m'aoüs a di.

    Acos uno jouïno fillétto
    D'ailamou, proché nostr' éndré,
    Qué chénané touto choulétto,
    Laichet aqui lou chamin dré.
    Chaiqué créjio qué dé laï fillo
    Toujour duravo lou printem :
    Chavio pas qué tout cho qué brillo
    Coumo ché dis : és pas d'argen.

Es bien fa ! acos bien fa !
Pérqué chénanavo,
Pérqué chénanavo ;
Es bien fa ! acos bien fa !
Pérqué chénanavo, acos bien fa !

Dins uno d'aquélaï grand villo,
Créjéguet faïré choun bonhur.
Un mouchut aï magnèro abilo
Yaoüfriguè cha man et choun cur.
Bien leoü chéguet din l'aïboundancho ;
Rien pér éllo èro pas prou beoü ;
Touta quélaïs éstravagancho
Pér choun malhur pachèroun leoü.

L'amour cédet à l'éncoustencho,
Alor vénguèroun louï chagrin ;
Las attention, laï prévénèncho
D'aquél moumén prénguèroun fin.
Lou qué yavio fa laï proumécho
Qué l'aïmario chénchéremén,
Chaplaoüdichio dé cha tristécho,
Et chi rijio dé choun tourmén.

Din la pu grando d'aï misèro
Viviot abé choun désounou ;
Avio parrien maï chur la terro
Qué lou méspris et l'abandou.

En pénsan a la créaturo
Qué chi nourichio din choun sén,
Enténdio touto la naturo
Maoüdiré souïs égaramén.

Aquélo maléïrouse drollo
Vouï diraï la fin qué faguet:
Après èstré véngudo follo,
Tristamén, un soir, périguet.
Coumo la miejo gnieu sounavo
Lou diablé, aquél qué la ténté,
Entré souï dous bras l'éstoufavo,
Piei din soun INFER l'énpourté.

    4 juin 1864.

ÉSTRACHÉS PAS LOU PAN

MORALE

Poulis éfan, aï testo bloundinétto,
Amusas-vous, és arro vostré tén,
Mai laïsés pas, én saoütan sur l'erbétto,
Pérdré lou pan qué dou bon Dioü nouï ven.
So qué souvèn si péris, si gaspillo,
Aoü malirous amaisarié la fan ;
Leïs aoücélous an soin dé la granillo
Imitas-lous, éstrachés pas lou pan. (Bis).

Mouïs éfanté, quan èrré dé vost' agé,
Avioï aouchi dé pan, maï qué noun fooü :
N'én fasioï pas toujour un bon usajé,
Tabé dé fé lou laïsavé pér sooü.
Mai lou malhur, ennemi bien terriblé,
Nouï assièjet, et lou maoü choguet gran.
A chaï rigou chérét innachèchiblé,
Sé chet bravet, qu'éstrachés pas lou pan. *Bis*.

Quan lou bon Dioü nouï boutet chus la terro,
Créjet-y bien qué nouï vouyot péri ;
Séro pasta pér nosté prémier pèro,
Aoü grand jamaï rés aoürio pas sufri.
Es lou Démoun, éndigno créaturo,
Qué lou prénguet pér un pichot èfan.
Mésfias-vous dé touto chaïs alluro,
Mouïs èfanté èstrachés pas lou pan.   (*Bis*).

Mouï bons amis, sé poudias mi counprèné,
Mètrias, ségut, a proufi maï lichou ;
Fooü pas jamaï qué l'ourgul nouïs éntréné ;
Pensas toujour qué lou pan faï besou.
De cho qu'avèn ès un maoü dé chi creïré,
Tout po fèni d'aoü jour aoü léndéman.
Pioï lou bésou tan affrous chi fa veiré,
Mouis èfanté èstrachés pas lou pan.   (*Bis*).

Lou jour fallis, la gnio pourio mi préndré
Vouï, vooü laïchat én vou dijèn adioü ;
A tout moumén la mort po mi chuspréndré
Et dé mouï jour vèni chapla lou floü.
Mai gardas bien din vostaï chouvènéncho
Cho qu'un anchien vouï dis yoï én pachan :
Nouï réveirén amoun, aï la créjencho.
Ché chet bravé, qu'èstrachés pas lou pan,
Pénsas yé bien, éstrachés pas lou pan.

Septembre 1864.

L'AMOULAÏRÉ

CHANSONNETTE SCÈNE.

Amoulet ané, véné dou
    Es l'amoulaïré
   Qué cha tou bien faïré :
Omé, fénno, fillo, garchou,
Aproucha-vous, louï qué n'avét béjou.

Aproucha-vous, savet coucon à faïré ;
Déspachas-vous, saï souï pas per long tem ;
Vous aoü faraï tant bien qué po chi faïré,
Dé mon traval sérés touteï counten. (Amoulet).

Mi traparés jamaï d'umou bourudo ;
Gnia toujour proun, arrivarén aoü bou ;
Laï privatiou mi chou pas couneïchudo ;
En travayàn nouï sourtén dé pértou.

Es pér aco qué souï toujour countén. Pérqué voudria pas quaou séguèché ? Aï tout cho qué mi foou et mi manquo pas rien ! Mi manquo coucon, couchi dijet aco ? Chaïqué voudria pas qué faguèché coum'un dé nost'éndré, Gaston dé la Roso, qué fajio dé boufé, amaï louï fasio bien ! aqui un èfan qu'aurio fa soun chami ché lou pu grand dé touté loui malhur èrro pas vèngu chi boulat pér chaï brayo ; chi maridet aquél inoucèn ! chi maridet, l'aï pénno lan péri, po pas èstre quaco. Avan èrro roujet, rédoun, tout boufarél ; l'altré soir lou véguèré chi tén pas dré ; pécaïré ! chèmblo uno canèllo ! chémblo uno canèllo ! Aouchi, chouï bien et laïcha-mé tranquilé. (Amoulet).

Quan lou gros fré blanqué-je laï mountanio,
Qué lou sourél à més d'aïgo à soun vin,
Quan lou bésoun aoü paoüré tèn counpanio
Mi foou dévé d'amaïsa lou chagrin.

Un jour fasio bien fré ! sian aoü més de décembré,
Aoü travès daï brancas lou vèn si fasio éntèndré ;
Coumo m'én révégnoï dé faïre moun traval
Trapèré su mous pas, al pé d'un sèré, aval !

Un èfan tout plourous, uno jouïno fillètto
D'uno quinzaino d'ans, èrro touto soulètto,
Abouchado pèr sooü, aï ribet d'al chamin,
Tranchido pér la fré, laï pènno et lou chagrin,
Tout moun cur chi brijet én véjèn la misèro
Din cho qu'a dé bien laï chi rébala pér terro ;
Diguèré a l'inoucèn, qué fasio maï doulou :
Déqué té fai soufri, èfan, digo mès ou ?
En plourant, m'aoü countét, et pér sèca souï plour
Yé dounèré l'argent qu'avioï fat aquél jour.
Yé lou dounèré tout. Gnavio pas forço, ès vraï ;
Aoürioï vougu, chègu, pousqué gnén douna maï !
                        (Amoulet).

    Chi faï tardét, et mi véjé d'aoüvragé,
    Maï qué noun fooü ; mai tabét lou farai.
    A laï doï man chaoü préné chou couragé
    Et chi boutat a l'obro maï qué maï.

(Faire les imitations, arrondir la meule, aiguiser et polir le couteau, et au refrain : Amoulet, etc.)

TRACHO D'HIVER

CHANSONNETTE SCÈNE.

(Refrain.)
Trâcho d'hiver, vaïtén, té disé,
Bouta chégu gna pas pér risé.
Quan lou bon Dioü faguet la fré,
Aï brayo duvio fa déndré
Pér bouta chai doï man quan jalo.
Vous qué ché gran, qué chet tan gran,
Désuito, pér vostouïs èfan,
  Qué fagué caoü!
  Toujour bien caoü!
Pér Dioü qué chiogué patan ralo.
  Oh! qué faï fré!
  Coumo faï fré!
Moun Dioü! ma maïré, qué faï fré!

(Couplet).

A la névembré chouï pu mani,
Aquél déchembré mi faï fréni;
Coumo chufriché a la jambié;
Mi dépériché a la fébrié.

Oh! quan vèn aquélaï sèmano dé fré, vèné blanc, vèné roujé, vèné dé touto mèno; mi faoü tràcho, mai tràcho qué paquén mi boufan vitarioï coum'un térébin!.. (Tràcho d'hiver).

Boutá! ma maïré sé mi vésio
Chégu, pécaïré! mi planirio.
Amai plourèché aoürioï bien dré;
Amaï crébèchè faï bé prou fré,

Faï tan fré qué savé pas sé souï toujour Pierré. Mous pé et mas man qué savé pas mounté laï bouta; aï péquétto; aï tràcho dés moundé! dés brayos blanquo d'aquèsté tem gnia pér ché jala! Chégu

Chaquo jour dijé m'énanaraï
Créjou qué rijé, chi tropo vraï;
Faran la guèrro lous qué voudran
Ma maïré éspèro chou paoür' èfan.

Ah! oui qué m'aoü diguet, ma maïré quan partèré, chi bouté d'aoü d'un pio pér mé véïré dé yon, én mi cridan : Pierré! Pierré! ché ti trapavés pas bien, bouto, tourno-ti moun éfan; tourno-ti. Oh! chégu qué mi tournaraï! Chaïqué crérion pas dé mi faïré coum'aoù paoùré Jean dé Chanclaoùsou qué lou laï chéroun dos ouro dré coum'une quillo. Ché jalé, pécaïré! ché jalé! un tant bravé drollé!... (Trâcho d'hiver).

La fin d'aoù moundé vén a gran trin,
Aoùchi mi foundé din louï chagrin.
Chi po pa creïré lou méchant tèn
Qué chi faï veïré ai paoüreï gèn

N'én crébo coumo dé mousquo! amaï éncaro disou qué faï pas fré!... — *Le Capitaine* : Qu'est-ce que vous faites là? — *Pierre* : Aoü véjét, m'escaoüfe. — *Le Capitaine* : Et votre fusil? — *Pierre* : Es pas pérdu, és bien pér aqui. — *Le Capitaine* : Un factionnaire sans armes, ça ne s'est jamais vu. — *Pierre* : Aoü véjét, mi téné pas dré, couchi voulét éncaro qué brandigué aquél bésounio qu'énpacho maï qué cho qué vooü? — *Le Capitaine* : Et la consigne? — *Pierre* : La savioï bien, mai énbaquél fré caoü voulet qué chén chouvengué? — *Le Capitaine* : C'est bien! vous savez ce qui vous attend. — *Pierre* : Moun bravé mouchu, sé savio choquaï chufri déspioï qué chouï aïchi parlario panchin, ché mi fajet bouta mounté dijet, vouï proumété qué quatré mi sourtirant mort rédé dé fré, et paqué vous n'én chèret caoüjo! — *Le Capitaine* : C'est bien! on vient te relever, n'en parlons plus. Je te pardonne; mais une autre fois lé service avant tout. — *Pierre* : Vouï rémercié bien, chet un bravé moundé !... Jésus! moun Dioü! quanto fré! coumo ai fré! mi vooü caoüfa, Aï tant fré qué chouï mort dé fré!

Octobre 1854.

AY BOUDIOÜ !

CHANSONNETTE.

Air : *Oh ! la, la,* etc.

Pamé dé qué chèn lous èfan !
Dé qué chi po maï fairé ,
Aoü gros bricotié dé moun gran
Yavèn tout près, pécairé.
    Ay boudioü !
Chaco végniot a chas aoüréyo
Pachariant toutés pér l'estréyo ;
Dé la pooü chouï mai mort qué vioü.
    Ay boudioü !

Ay dé qué chèra tout aco :
Dé quaï qué chi faï chèntré ;
Chavioï pas manjea louï brico
Aoürioï pas maoü dé véntré.
　　Ay boudioü !
Et pamén aoüzé pas rien diré,
Chaoü chavio gnaoürio pas pér riré :
Quanté malhur és pas lou mioü.
　　Ay boudioü !

Es aqui mountés tout moun maoü,
Moundioü coumo chofriché !
Ay pas un moumén dé répaoü,
Créjét zou mi pérriché.
　　Ay boudioü !
Chén yeoü coucon vouïs éntérècho,
Mi laïchét pas din la détrécho;
Aoü véjét, téné pas d'un fioü.
　　Ay boudioü !

Chémblo qué coucon mi disio
Laïch' aquélaï bézounio,
Lou pu bél d'aï doüs sou fasio,
Pér qué doun fas la frougno ?
　　Ay boudioü !
Mi chémblavo quaoü dévignavé,

Ché mi garissé chéraï bravé,
Chacun manjeara cho qués sioü.
Ay boudioü !

Mi faran tout choqué voudran,
Acos trop dé choufrèncho ;
Béléoü dé cho qué crégué tan
Aoüran pas couneïchèncho.
Ay boudioü !
Es quaco prén soto tournuro :
Chi déoü bien veïr' a ma figuro ;
Mi chémblo qué chouï pas pus yéoü.
Ay boudioü !

Vous avioi bien proumés coucon,
Mais couchi podé fairé ?
Aco mi tèn dé tout d'aoü lon ;
Choui pas din mous affairé.
Ay boudioü !
Mais pamé chaco mi pachâvo
Et qué trapés maï chansou bravo
Véndraï chouvèn vouï diré adioü.
Ay boudioü !

LOU MÉCHAN LOUP

CHANSONNETTE.

 Dédins un picho libré,
 Qu'un jour léjissio moun fraïré,
 Mi souvèné pas l'éndré
 Qu'arivait aquél afaïré :
Ya qu'un gros loubas véguet un éfan
Qu'anavo pourta coucon a cha gran.
Sans maï dé fasou, aquél laï béstiari,
Dis à la droléto : « Ountévas, ansin ? »
Ti régacho pas, respon l'énfantin.
Vooü à moun oustaoü ; passo toun chamin.

« Sios un brav'éfantouné,
» Aoü vésé sus taï gaoütéto ;
» Mostro-mi lou chaminé,
» Mi chaoü veïré ta granèto. »
Coum'un inoucèn suit'aoü créséguet
Perqué din l'escri ya qué yé diguet :
Véset bien alaï, déchoubr'aquél chèré,
Es aqui ma gran. Lou sujet yé dis :
« Passaras d'alaï, passarai d'aquis,
» Veirén caoü pu leoü yé séra gandis. »

La drouléto marché prou :
Mai pieï véguet des flouréto,
D'aoücelous, des parpayou ;
Lous vouïo din chaï manéto.
Lou méchan loubas s'amusé pas tan ;
Si déspaché bien, yé séguet davan.
Arriv'a l'oustaoü : ti trapo la viéyo.
Din quatré mousél vouï la nétéjé :
Pioï pértout baré vité, si couché.
Sémblavo la gran tan bien si rënjé.

Arrivait tout saoütéjean
Coumo fan laï manidèto ;
Véjet, diguet à cha gran,
Aquélaï flous poulidéto ;

Véjet aquél bur', aquél pan téndré,
Chén trapario pas miyou din l'éndré.
Cho qué yé digué chémblo pas dé creïré ;
Ché vous aoü disioï toutés frénirias.
Eh bien ! yé diguet, aquél gusachas :
« Vite, moun droulet, vèné din mouï bras. »

 Mi chémblo, digas, ma gran,
 Qué chia pas tan bourudacho,
 Avia pas lous yols tant gran,
 Maï d'aoüréyous tan longacho ?
Mi charé pas tan qué mi fajet maoü,
Mai caoü ché vous don résta dé répaoü ?
Quantai grochas dën chémbloun dé chavillo !
Badés pas anchin, mi fajet fréni !
Lou méchant sujet sans vouï l'averti
Mangè la drouléto ! tou chégué féni.

LOU PAOÜRÉ JEAN

CHANSONNETTE SCÈNE.

(Refrain).
Moun Dioü ! quant'affaïré
M'aribo, pécaïré !
Jésu ! déqué yioü faraï,
Déqué dévéndraï ?

(Couplet).
Chaoü qué bous aoü digué :
Chabé bien chazou,
Crégué pas qué rigué,
Nou qu'aï bien rajou.

Aquélo chujeïro fa n'enfantouné
A dit, en charrieïro, quéro dé Jané.

Oui, aoüja dit, et chaoüjabio pas di quon paché dirion pas qué chouï lou païré d'aoü drolé, pioi chi boutoun à riré. Couchi boulét qué chiog'anchindo. Encaro l'altré choir, ma maïré mi dijiò qué lous éfan qué chi charaboun dé las droulo, lou bon Dioü lous fasio péri, pio louï boutavo l'infer ébé lou grippé. Aoüchi, quon n'én béjé, mi bout'acouré amaï encaraoü dijou.

    Choui t'un brabé dronlé
    Chaïqu'aoü chabé bien ;
    Yo proutém qué ronlé
    Aï jomaï fo rien.
    Et touté lous pastré
    Diron coumo yioü.
    Aï quonté déjastré
    M'oribo, moun Dioü !

Aro, volé pas plus ana moun oustaoü ; aï bien tro pooü qué ma maïré mi batésché. Yaoüran di et chaïqu'aoü créï, et moussu Zidore encaro démati mi dijio : Chaoü qué la préngué, altramé la prisoun: et couchi forioi pér préndraquello drollo abé chou trâcho dé bramarél qué dijou qué monjorio cho maïré ; qué manjèssé, qué proresché mi forio pa rien chéré chou païré. Mais chouï pas lou païré...

Gna pas pér tan riré
Coumo chaï fagé ;
Mi fario bien diré
Qu'anchidaoü créjé.
Mai vostaï créjéncho
Toutos périran ,
Aï ma ninouchencho ,
Chouï un brab'éfan.

Coumo ché Ici moundé! aoü créjé déchuito, quan aoü dijou, et cho qué mi facho maï qué maï es qu'on dijou chémblo Jean! es tout choun païré ! Véjé bien chocos janchindo qué lou bon Dioü mi périgué ! et mi planté al fin fou dé lo chimo d'al roc dé la Laoüjéro !... Véjé dou qué !.... ché... lou droulé... cho maïré.... Ici moundé, aoüchi lou droulé dé choun dou païré, dé la maïré. Aro chabé pas plus déqué dijé !....

Ya trés jour qué couré,
Qué manjé parien ;
Touto la gno prouré
Aco mi foï bien.
Pamé mi moïgrisché !
Coumo chouï malaoü !
Chi béï qué chufriché !
Pér tout mi fai maoü.

Et encaro démati pér mi gari aï trapa ma gran qué ma di de caoüjo chéju. Ou!.. Ma gran, es pas yiou. Ou!... poulichooü! poulichooü! Ma gran, bien chégu. Baïtén, michan chujet, qu'as déjounoura nosta famiyo. Ou chaviéi bén! ou chaviéi bén! faras pas coumo ton paoüré gran pécaïré, qué loü prémié soir dé chas nocho aoüjavo pas coucha anbé yioü, dé ton quèro brabé! Ma gran!

   Moun Dioü! quant affaïré
   M'aribo, pécaïré;
   Planichet lou paoüré Jean,
   Un tant brav'éfan!

LA BRAVO BÉJOUNIO

CHANSONNETTE.

L'aoütré jour aoü pradél gardavé
Quan énténdéguér'un flavé
Qu'anavo bien, oï qu'éro bravé ;
Mi boutéra dancha choulé.
Oh ! chémbla v'un rouchignoulé.
Dé chaoüta abioï pas bergounio
Davan dé tras, d'alaï, d'aïchi.

(Refrain).
Pér ma fé, la brabo béjounio,
Oï chacrédi ! oï chacrédi !   (*Bis*).

L'altré choir, én béném d'asprado
Trapéré Jano abé Chajou :
Bouyon mi foïré uno brachado,
Mi fachèro, abioï rajou.
Pamé, faguéré réfréchiou :
Eré tout ronjé, abioï bergounio,
Créjioï qu'aco fajio mouri.
   Pér ma fé, etc.

L'altré mati, touto chouléto,
Trapéré Chajou al pradé ;
Aquï chi trobo foch' erbéto,
Mi fogué tout cho qué bou vougué.
Pioï én mi quichon mi digué.
Dirioï bien, chabioï pas bergounio,
La caoüjo qué Chajou mo di.
   Pér ma fé, etc.

Eh bien ! mi digué qué m'aïmavo !
Aoü poudé créiré, m'aoü digué.
Dé tras cha maïré pinchoûnavo
Abio vis cho qué mi faguè ;
Maï bouta chégu qu'aoü pagué,
Abio pas coamo yiou bérgounio.
Et jou d'aïchaï et jou d'aïchi.
   Pér ma fé, etc.

DAMO ET PASTROU

CHANSONNETTE.

Jeune berger, voudrais-tu bien m'apprendre
Le vrai chemin qui conduit au château ?
Mais de t'aimer je ne puis me défendre ;
Sous ces habits que je te trouve beau !

Coumo chét réquinquilladetto ! Déqué voulét diré pér vostaï réjou? chaïqué voudria pas vouï trufa dé yeoü? Ché chouï pas bien vèsti, madamo, aco mi plaï; pacha vosté chamin, et...

Laïchamé, vouï dijé,
Crégué pas qué rijé.
Laïcha mé, vouï dijé
Ou mi facharaï.

N'as-tu jamais, dans l'onde vive et pure
Parfait miroir, œuvre du Créataur,
Vu tes beaux yeux, ta blonde chevelure
En un mot tout ce qui séduit mon cœur ?

Acha, vouï prégué, chioüplé, dé mi laïcha tranquilé, aoütramén vooü chouna moun fraïré qués alaï qué mi faï uno chibletto, et vouï proumété qué chèré répentènto dé vosteï boufounéjé.

Viens avec moi, quitte tes monts arides
Que le bonheur n'a jamais su gravir,
Daus le grand monde, à ses fêtes splendides,
Tu trouveras la joie et le plaisir.

Alor créjet qu'aco chi faï anchin ! Oui, on laïcho chaï bestio toutaï choulétto pér qué lou loup laï manjé ; pioï caoü laï pagario ? Mai chaïqué voulét riré ? Un pastrou abet louï mouchu !... Qué tout cho qué fan aoü fan én francés ; pér yé sérvi dé risoulétto, pas vraï ? Créjet-mi, aïchi ma maïré et ma choré, fajét leoü, pachat vosté chamin !... et

Pauvre petit, crois-le bien, je déplore
Que tu t'obstines à rester malheureux ;
Tu laisses là le bonheur près d'éclore
Quand un seul mot pourrait te rendre heureux.

Laïchamé dé répaoü, volé pas vouï chégui; mi préndré pas dé forço ? Mi dérénjea dé ma béjounio, aoü véjet pas qué maï bédïguo van din la chéyo dé Jean Bouffèti ? Vouï démandé un paoü chaquél moundé èrro aïchi coumo aco chério bravé, et paqué vous n'én chet caoüjo ! Chet un diablé ! un démoun ! ché vouï n'ana pas léoü vooü boutat mouï dous chin après vostaï chavillo. Chésar ! Lion ! Qzzz ! Qzzzz ! manjeat aquéllo fillo. Aïchi ! aïchï ! aoü véjet, choun méchan, dé vous farion léoü fin ! Hier, manjeroun un loup, yé laïchéroun la couétto : mai vous sério pas anchin aoü z'achabarion tout. Aouchi !...

> Véjet, vous aoü dijé,
> A mouï chin, mi fijé.
> Gnaoürio pas pér rijé
> Ché réstavia mai.
>
> Juin 1864.

LI FRISOULÉTTO

CHANSONNETTE.

―

Po yagudré d'aco coumo dirian uno trénténado dé més qué Pierouné et Gustou d'aoü Bérna mé dision chaquo jour nostè mouchu chi marido et nouï faî dé nocho. Yeoü créjioï qué chi trufavou dé yeoü. Eh bien ! nou !

Aquésto fés, és pas pér riré,
Nosté mouchu maoüs a dit ;
Bien chégu, podé vous aoü diré,
Nouïs a toutés averti.

Nouïs a dit : Ténai vouï préste,
            Mouïs énfan,
Et surtout chéguet bien léste
            T'en danchan.

            (Refrain.)
Veïrés, chérés touteï chusprés
        Dé tan bien rènjadé.
        Oh ! nou gnaoüra pagés.

Aoüraï, moun béoü chapel dé payo,
Mouïs esclo tant bien faché ;
Cargaraï laï poulid'aï brayo
Qué ma maïré mi rénjé.
Aoüraï pas blancho chamiso
        Faï pas rien
Maï chiegué dé téllo griso
        Mi vaï bien.

Aoüraï la mostro dé moun fraïré,
Amaï chou poulid courdou ;
Un abiquet qué mi fan faïré ;
Moun gilet à grand'aï flou.
A mouï péoü la Franchounétto
        Et l'Aïzabéoü.
Mi faran dès frisouletto
        Séraï béoü,

Dijou qué lou jour d'aoü mariagé
Chi d'aoü faïr' un counplimén ;
Acos pas un pichot ouvragé
Pér louï quan pas lou talén.
Sé pér diré la bésounio
      Ya pas rés,
Ycoü lou faraï, sans vérgounio,
      En francés.

Après yaoüra laï baraquétto,
Louï chodet et louï cracan ;
Tout plé dé caoüjo bien bounétto
Quaco chi manjo sans pan.
D'aquél bon vi qué chaoütillo
      N'én biourén.
Ploï, abét aquélaï fillo,
      Dancharén.

Véjé qué ché dés camarado
Qu'aïmas dé voui dévérti,
Et qu'a las caoüjo bien rénjado
Chavet toutés applaoüdi.
Ché mi faget ma part grocho
      Quan chéraï
Dé rétour d'aqué laï nocho
      Véndraï maï.

                    Février 1864.

CHÉ DÉS TRAÏTUSO

CHANSONNETTE.

(Couplet).

Ma paoüro drollo a tan dé néchiardijé
Perdés tonn tén, tas pén'ét, taï réjou.
Dé laï mouchu aï pas lou chabentijé,
Li faï pas rien, counoüchi taï fachou.
Quan mé dijés : Jané, chèras moun Jan,
    Chéroï ta Janno.
  Aï, aqui di moun cur
Cho qué chaoü pér fa lou bonhur.

Chéras moun anjounné alor aco mi détrachano,
    Mi chémblo qué jamaï
Cho qué dijés chério pas vraï.

Refrain.

    Aoüchi, ti bolé pas...
      Ti bolé pas,
       Aï maï réjou,
       Aï maï réjou.
Janno, laï béjaqui.
Touto las drollo chè dés traïtuso,
Dés barjuso, dés enjoluso.
Tu, tabé, ché té prénio,
Chaï coumo las altro mé traïrio,
      Mi fario,
      Mi dirio,
Pio dé yioü, tu ti trufario.
Tra la, la, li déra, la lira;
Tra la, la, li déra, la, la.
      Mi trounpario,
      Mi laïchario,
Pio dé yiou tu ti trufario.
Tra la la, déritoun la, la;
Tra la, la, la, la, la, lé, li, lou lé.

Déqué bostu, béjo Janno, t'aoü dijé;
Ché tournamaï mi parlés dais amours

Mi facharaï, ti crégués pas qué rigé.
Diroï pertou qué bénés chaco jours
Mi fa touï coumplimén et mi counta taï farindéllo.
Ché ti counichioï pas pourioï bien mi laïcha trapa.
A tou bostouï chérmén laï fénno ché tan enfidélo,
  Quabé fa louï malhur
Dé tou leï moundé bien chégur.

Mouchi Jidor'un jour dins un viel libré,
Mi lijissio un conté d'altras fès.
Dins aquél tém leï moundés érroun libré
De chas actiou, régardavo pa rés.,
Yabio treï béoü mouchu : Chanchoun,
  Adam et l'Alofèrno
  Qu'aïmavoun treï mouroun
  Judit, Dalila et Evoun.
Maï paguéroun chégu louï frés
  Dé tant dé baliverno.
  Chi béguéroun péri.
Aoü j'aï pas bis, maï m'aoü j'a di.

Né chabé prou : faraï coumo moun païré
Qué counouïchio las fénno bien à fou.
Err'un cadet qué chabio chous affaïré,
Pér laï facha résté toujour garchou.

Vooü préné moun chami
Et mi tourna din moï mountanio.
 Quan chéroï aoü pradél
Choulét, en gardan moun troupél,
 Chun jour uno bénio
Mé diré : « chéroï ta coumpagno. »
  Li dirioï
   Laïchami ;
Dé ti béïré mi faï fréni !

Vaïtén, ti bolé pas, etc.

L'ENFANT DE GIBERNE

SCÈNE MILITAIRE.

Ah ! vraiment !
C'est charmant !
L'état militaire ;
C'est dans le combat
Que l'on est fier d'être soldat.
Comme moi,
Sans effroi,
Volez à la guerre ;
Au champ de l'honneur } *Bis.*
C'est là que brille la valeur.

Je suis né, dit-on,
Sur le champ de bataille,
Au bruit du canon,
Du feu, de la mitraille.
Tout petit j'avais sans cesse
Les armes en mains ;
C'est ce qui bientôt
Me donna l'estim' des anciens ;
Et tous dirent en chœur :
Il fera son chemin.

Ils avaient raison : car, quand, à dix-huit ans, on est chevalier et qu'on porte à sa boutonnière le ruban d'honneur, on est bien sûr de ne pas en rester là, à moins qu'un boulet ne vienne, en passant, vous brutaliser et vous envoyer place repos avec les autres de la peur !.... Allons donc, toutes ces bamboches, faudrait pour ça n'pas être français ; mais quand, comme moi, on ne voit un avenir que dans l'art de la guerre, on ne doit jamais trembler devant le canon de l'ennemi. Au contraire. Ah ! vraiment, etc.

D'entrer dans les rangs
Je brûlais d'envie ;
J'avais mes seize ans ;
J'aimais la patrie.

Comme feu mon père je voulus rester troupier
Pour vaincre ou mourir, car j'avais l'amour du métier;
Mon destin était de cueillir des lauriers.

Mon pauvre père! en voilà un qui savait les cueillir. S'il avait eu le temps, il n'en serait peut-être pas resté pour les autres; mais le bon Dieu le rappela vers lui au moment où il continuait parfaitement sa route à Marengo. Marengo! beau souvenir pour les uns, mais bien triste pour ceux qui ont eu le malheur d'y perdre les siens. Oui, c'est à Marengo que le brave grenadier d' la vieille a vu s'écrouler, en un instant, sa gloire, son avenir et toutes ses espérances. Quand on est si brave et si courageux, ça ne devrait pas se pratiquer ainsi! S'il fallait qu'il le fût! Frappé à mort, il trouvait encor assez de vigueur, dit-on, pour crier d'une voix ferme : Vive la France! vive mon fils! Qu'on est heureux de finir ainsi!..
Ah! vraiment, etc.

   Un soir, l'Empereur
   Visitant le poste,
   Instruit d' ma valeur,
   Me voit et m'accoste :
« Comment t'appelles-tu? » Sir', on me dit p'tit chevalier,
Fils de Pierr' Hubert, un de vos plus brav' grenadier
Mort à Marengo comm' un vaillant guerrier.

6

« Comment se fait-il qu'après lui on te trouve encor' dans les rangs ? » Sire, l'amour de la gloire et de mon pays. Je n'ai jamais su ce que c'était que la peur, et, si je dégénère, ce ne sera pas ma faute ; car, voyez-vous, j'y vais de bon cœur ! « C'est bien » me dit-il ; il me pressa la main et s'enfut. Je m'en souviendrai toujours, c'était par une belle nuit d'automne ; des sentinelles placées aux avant-postes veillaient solidement au salut de l'armée ; tout le monde reposait d'un paisible sommeil, quand, tout-à-coup, le cri : Aux armes ! l'Empereur ! se fit entendre, ce qui ne tarda pas d'arracher des bras du repos les hommes les plus assoupis. Aussi prompt que l'éclair, ce bivouac qui, un instant avant, ressemblait à un champ de bataille jonché de morts et de mourants, était en parallèle avec nos belles inspections de veilles de combats : il traversa les rangs et nous dit : « Mes enfants, je suis fâché de vous avoir éveillés ; bonne nuit, à demain. »

De la gloire, enfin,
Je touchais au terme ;
Lorsque le destin....
Me dit, d'une voix ferme :
« Courage, mon fils ! c'est en ce jour que sur ton cœur
Doit briller l'étoile qui annonce la valeur. »
Je la porterai, me dis-je, avec honneur.

Ce fut une magnifique journée. Le canon, depuis le grand matin, faisait retentir l'air de sa voix de tonnerre. Tout allait à souhait : le feu d'infanterie était nourri d'un courage héroïque, et l'ennemi tremblait en voyant notre zèle. Cependant un fort, aux murailles solides, lassait nos artilleurs, quoique tous bons soldats, quand, par un coup du ciel, le mur en défaillance nous présente une issue; mais il fallait entrer. Moi, dont l'impatience est sans nom et le courage à toute épreuve, je m'écrie : Vive Dieu ! depuis longtemps je cherchais la porte de la postérité; elle vient de s'ouvrir : je ne dois pas hésiter à l'honorer de ma présence. Capitaine, si je ne suis pas tué, à mon retour je vous embrasserai de bien bon cœur. Amis, suivez-moi; volons à la brèche, nous serons les vainqueurs!... Le temps d'y arriver et le fort était pavoisé et envahi par les Français ! quand tout à coup une main me frappa sur l'épaule. C'était lui, lui, l'Empereur ! « Je le savais, me dit-il, que tu étais un brave comme on en voit peut!... » et, en présence de plusieurs généraux, il suspendit à ma poitrine la croix d'honneur et m'embrassa en me disant : « Sois mon fils, je serai toujours ton père. »

VIV' LA GLOIRE

CHANSON MILITAIRE.

C'est moi qu'on nomme Jean Fiéloux,
L' plus beau troupier d' la caserne ;
Aussi j'ai dans ma giberne
Un gros paquet d' billets doux.
Mais l'amour n'est pas m' n'affaire ;
Je n'ai des yeux que pour le combat.
J' veux me battre et faire la guerre ;
Là ! mais comm' un bon soldat.

(Refrain.)

Viv' la gloire! la victoire!
Suis guerrier vous pouvez l' croire!
 Dans l'histoire,
 Ma mémoire
Y sera gravée pour jamais.

Y a pas un plus bel avenir
Que dans l' métier d' militaire;
C'est pourquoi, moi, je l' préfère
A tous ceux qu' l'on peut choisir.
Quand on a un p'tit peut d' grâce,
D' la tournur' et l' genre soignai,
On s' voit du bonheur en face:
S'agit seul'ment d' l'empougnai.

Déjà com' ça, j' suis pas mal:
Mai faut m' voir un jour de r'vue
Lorsque j' suis en grande tenue,
On n' peut trouver mon égal
Tant pour la prop'té, la forme,
Le chiq, le goût et l' maintien,
Parole d'honneur; l'uniforme
Est une chos' qui m' va très-bien.

L'aut' jour Gros Pierr', qu'est savant,
Voulut nous faire la lecture
D'un tout p'tit bout d'écriture
Envoyé du gouvernement.
V'là c' que disait la nouvelle :
« Régiments, tenez-vous tous prêts,
Et d'la bataille la plus belle
Hâtez-vous d' fair' les apprêts. »

Crénon, je vas t'y m'en donner
L' grand jour du début d' l'attaque ;
Déjà mon cœur fait tic-tac,
Tant seulement rien qu' d'y songer.
J' suis toujours l'enfant d' mon père,
Comm' lui somm' pétri d' valeur ;
C'est c' qui m' fait dire : vive la guerre !
Pour gagner une croix d'honneur.

TABLE.

	Pages
Accrostiche	5
Lou bon Jobi (chansonnette scène)	7
És bien fa (légende)	13
Éstrachés pas lou pan (morale)	17
L'Amoulaïré (chansonnette scène)	21
Trácho d'hiver (chansonnette scène)	25
Ay boudioü! (chansonnette)	29
Lou méchan Loup (chansonnette)	33
Lou paoüré Jean (chansonnette scène)	37

	Pages
La bravo béjounio (chansonnette)	41
Damo et Pastrou (chansonnette)	43
Li Frisouiélto (chansonnette)	47
Ché dés traïtuso (chansonnette)	51
L'Enfant de giberne (scène militaire)	55
Viv' la gloire (chanson militaire)	61

FIN.

AVIS

ON PEUT SE PROCURER:

MI CANSOUN LI RAYOLÈTTO

Chez l'auteur, rue Villars, 16,

A NIMES.

www.ingramcontent.com/pod-product-compliance
Lightning Source LLC
LaVergne TN
LVHW051511090426
835512LV00010B/2472